Weber's Grill-Kochbuch 2021-2022

1000 Tage frische und leckere Barbecue-Rezepte für jeden Hinterhof-Griller

Androw Kaster

Inhaltsverzeichnis

Einführung

Dieses Weber's Grilling Cookbook mag wie eine Sammlung erscheinen und in gewisser Weise ist es das auch, aber schauen Sie ein wenig tiefer, denn es ist eigentlich viel mehr. Es ist eine sehr visuelle Erkundung der Technologie, um besseres Essen auf Ihren Teller zu bringen. Ich habe diese speziellen Rezepte aufgenommen, weil ich glaube, dass sie nicht nur sehr wertvoll sind, sondern auch Paradebeispiele für Fähigkeiten sind, die Sie auf andere Rezepte anwenden können und dieses Weber's Grilling Cookbook Ihnen so viel über das Kochen über dem Feuer beibringt, dass Sie jedes Mal, wenn Sie an Ihren Grill treten, ob Sie nun eines meiner Rezepte oder eines Ihrer eigenen machen, zu Großartigem fähig sein werden.

Kapitel 1: Geflügel

Paprika-Limetten-Hühnchen-Lendchen

Zubereitungszeit: 10 Minuten
Kochzeit: 6 Minuten
Servieren: 2

Zutaten:

- 6 Hähnchenfilets
- 1 Esslöffel Olivenöl
- 1 Esslöffel Limettensaft
- ½ Teelöffel Pfeffer
- ½ Teelöffel gemahlener Koriander
- ½ Teelöffel Piment
- ½ Teelöffel Cayennepfeffer
- 2 Teelöffel Paprika
- ½ Teelöffel Knoblauch, gehackt
- 1 Teelöffel Salz

Wegbeschreibung:

1. Geben Sie das Hähnchen und die restlichen Zutaten in den Zip-Lock-Beutel, verschließen Sie den Beutel und legen Sie ihn für 1 Stunde in den Kühlschrank.
2. Heizen Sie den Grill bei mittlerer Hitze vor.
3. Legen Sie die Hähnchenteile auf den Grill und garen Sie sie 3 Minuten auf jeder Seite oder bis sie durchgegart sind.
4. Servieren und genießen.

Nährwert (Menge pro Portion):

- Kalorien 341
- Fett 10,4 g
- Kohlenhydrate 5,4 g

- Zucker 0,3 g
- Eiweiß 54,5 g
- Cholesterin 135 mg

Orangen-Hähnchen-Spieße

Zubereitungszeit: 10 Minuten

Kochzeit: 20 Minuten

Servieren: 6

Zutaten:

- 3 Hähnchenbrüste, ohne Knochen & in Stücke geschnitten
- ½ Esslöffel Speisestärke
- 1 Teelöffel Pfeffer
- 1 Esslöffel Knoblauch, gehackt
- 1 Esslöffel Olivenöl
- 1 Esslöffel Orangenschale
- ¼ Tasse Orangensaft
- ¼ Tasse Sojasauce

Wegbeschreibung:

1. Geben Sie das Hähnchen und die restlichen Zutaten in den Zip-Lock-Beutel, verschließen Sie den Beutel und legen Sie ihn über Nacht in den Kühlschrank.
2. Heizen Sie den Grill bei mittlerer Hitze vor.
3. Fädeln Sie das marinierte Hähnchen auf die Spieße.
4. Legen Sie die Hähnchenspieße auf den Grill und garen Sie sie 8-10 Minuten auf jeder Seite oder bis die Innentemperatur 165 F erreicht.
5. Servieren und genießen.

Nährwert (Menge pro Portion):

- Kalorien 176
- Fett 7,8 g
- Kohlenhydrate 3,4 g
- Zucker 1,1 g
- Eiweiß 22 g
- Cholesterin 65 mg

Griechisches BBQ-Huhn

Zubereitungszeit: 10 Minuten

Kochzeit: 12 Minuten

Servieren: 6

Zutaten:

- 6 Hühnerbrüste, ohne Knochen
- 1 Esslöffel rote Chiliflocken
- 1 Esslöffel Chilipulver
- ¾ Tasse italienisches Dressing
- ½ Tasse BBQ-Sauce

Wegbeschreibung:

1. Hähnchen, Chiliflocken, Chilipulver, italienisches Dressing und BBQ-Sauce in den Zip-Lock-Beutel geben. Verschließen Sie den Beutel und stellen Sie ihn über Nacht in den Kühlschrank.
2. Heizen Sie den Grill bei mittlerer Hitze vor.
3. Legen Sie das marinierte Hähnchen auf den Grill und garen Sie es 6 Minuten auf jeder Seite oder bis es durchgegart ist.
4. Servieren und genießen.

Nährwert (Menge pro Portion):

- Kalorien 398
- Fett 19,4 g
- Kohlenhydrate 11,3 g
- Zucker 8 g
- Eiweiß 42,5 g
- Cholesterin 150 mg

Einfache Kräuter-Hühnerbrüste

Zubereitungszeit: 10 Minuten
Kochzeit: 10 Minuten
Servieren: 4

Zutaten:

- 1 ½ Pfund Hähnchenbrust, ohne Haut
- 3 Esslöffel frischer Zitronensaft
- ¼ Teelöffel Rosmarin, gehackt
- ½ Teelöffel Oregano, gehackt
- ½ Teelöffel Thymian, gehackt
- 2 Esslöffel Petersilie, gehackt
- 1 Esslöffel Knoblauch, gehackt
- 1/3 Tasse Olivenöl
- ½ Teelöffel Salz

Wegbeschreibung:

1. Geben Sie das Hähnchen und die restlichen Zutaten in den Zip-Lock-Beutel. Beutel verschließen und für 4 Stunden in den Kühlschrank stellen.
2. Heizen Sie den Grill bei mittlerer Hitze vor.
3. Legen Sie das marinierte Hähnchen auf den Grill und garen Sie es 5 Minuten lang. Drehen Sie das Hähnchen um und garen Sie es weitere 5 Minuten oder bis die Innentemperatur 160 F erreicht.
4. Servieren und genießen.

Nährwert (Menge pro Portion):

- Kalorien 475
- Fett 29,6 g
- Kohlenhydrate 1,3 g
- Zucker 0,3 g
- Eiweiß 49,5 g
- Cholesterin 151 mg

Schnell & einfach italienisches Huhn

Zubereitungszeit: 10 Minuten

Kochzeit: 10 Minuten

Servieren: 4

Zutaten:

- 4 Hühnerbrüste, ohne Knochen
- ¾ Tasse italienisches Dressing

Wegbeschreibung:

1. Geben Sie das Hähnchen und das italienische Dressing in den Zip-Lock-Beutel. Verschließen Sie den Beutel und stellen Sie ihn für 12 Stunden in den Kühlschrank.
2. Heizen Sie den Grill bei mittlerer Hitze vor.
3. Legen Sie das Hähnchen auf den Grill und garen Sie es 5 Minuten lang. Drehen Sie das Hähnchen um und garen Sie es weitere 5 Minuten oder bis die Innentemperatur 165 F erreicht.
4. Servieren und genießen.

Nährwert (Menge pro Portion):

- Kalorien 406
- Fett 23,3 g
- Kohlenhydrate 4,6 g
- Zucker 3,7 g
- Eiweiß 42,4 g
- Cholesterin 159 mg

Libanesische Hähnchenspieße

Zubereitungszeit: 10 Minuten
Kochzeit: 16 Minuten
Servieren: 6

Zutaten:

- 2 Pfund Hähnchenbrüste, ohne Knochen und in Stücke geschnitten
- ½ Teelöffel gemahlener Ingwer
- ½ Teelöffel Oregano
- ½ Teelöffel Zimt
- 1 Teelöffel Paprika
- 1 Esslöffel Tomatenmark
- 1 Esslöffel Knoblauch, gehackt
- ¼ Tasse Olivenöl
- ¼ Tasse frischer Zitronensaft
- ½ Tasse Joghurt
- ¼ Teelöffel Pfeffer
- 1 Teelöffel Salz

Wegbeschreibung:

1. Hähnchen und restliche Zutaten in die große Rührschüssel geben und gut vermischen. Abdecken und für 4 Stunden in den Kühlschrank stellen.
2. Fädeln Sie das marinierte Hähnchen auf die Spieße.
3. Heizen Sie den Grill bei mittlerer Hitze vor.
4. Hähnchenspieße auf den Grill legen und 5-8 Minuten auf jeder Seite garen.
5. Servieren und genießen.

Nährwert (Menge pro Portion):

- Kalorien 383
- Fett 20 g
- Kohlenhydrate 3,2 g
- Zucker 2,1 g
- Eiweiß 45,3 g
- Cholesterin 136 mg

Saftiges Zitronen-Pfeffer-Hühnchen

Zubereitungszeit: 10 Minuten
Kochzeit: 16 Minuten
Servieren: 6

Zutaten:

- 6 Hühnerbrüste, ohne Knochen
- 2 Esslöffel Zitronenpfeffergewürz
- 2 Esslöffel Worcestershire-Sauce
- 1 Tasse frischer Zitronensaft
- ½ Tasse Olivenöl
- ½ Teelöffel Salz

Wegbeschreibung:

1. Geben Sie Zitronensaft, Öl, Worcestershire-Sauce, Zitronenpfeffergewürz und Salz in die große Schüssel und mischen Sie gut.
2. Hähnchen in die Schüssel geben, gut mischen und 1 Stunde in den Kühlschrank stellen.
3. Heizen Sie den Grill bei mittlerer Hitze vor.
4. Legen Sie das Hähnchen auf den Grill und garen Sie es 8 Minuten lang, drehen Sie das Hähnchen um und garen Sie es weitere 8 Minuten oder bis es durchgebraten ist.
5. Servieren und genießen.

Nährwert (Menge pro Portion):

- Kalorien 442
- Fett 28 g
- Kohlenhydrate 3,2 g
- Zucker 1,9 g
- Eiweiß 42,8 g
- Cholesterin 130 mg

Hähnchen-Ananas-Spieße

Zubereitungszeit: 10 Minuten
Kochzeit: 10 Minuten
Servieren: 6

Zutaten:

- 3 ½ Pfund Hähnchenschenkel, ohne Knochen & in Stücke geschnitten
- 1 Ananas, in Würfel geschnitten
- Für die Marinade:
- 1 ½ Esslöffel brauner Zucker
- 2 Esslöffel Essig
- 1 kleine Zwiebel, gehackt
- 5 Knoblauchzehen, gehackt
- ½ Tasse Sojasauce
- 1 Tasse Ananassaft

Wegbeschreibung:

1. Alle Marinadezutaten in die große Rührschüssel geben und gut verrühren. Hähnchen und Ananasstücke in die Schüssel geben und gut vermischen. Abdecken und über Nacht in den Kühlschrank stellen.
2. Fädeln Sie die marinierten Hähnchen- und Ananasstücke auf die Spieße.
3. Heizen Sie den Grill bei mittlerer Hitze vor.
4. Legen Sie die Hähnchenspieße auf den Grill und garen Sie sie 5 Minuten auf jeder Seite oder bis die Innentemperatur 165 F erreicht.
5. Servieren und genießen.

Nährwert (Menge pro Portion):

- Kalorien 568
- Fett 19,7 g
- Kohlenhydrate 14,8 g
- Zucker 10 g
- Eiweiß 78,5 g
- Cholesterin 235 mg

Ruck-Huhn

Zubereitungszeit: 10 Minuten
Kochzeit: 10 Minuten
Servieren: 6

Zutaten:

- 2 Pfund Hähnchenbrüste, ohne Knochen
- 1 Limettensaft
- 1 Limettenschale
- 1 Teelöffel All-Gewürz
- 1 Teelöffel Zimt
- 1 Teelöffel Cayennepfeffer
- 1 Esslöffel geräucherter Paprika
- 3 Esslöffel Thymian
- 1 Esslöffel Knoblauch, gehackt
- 2 Esslöffel Olivenöl
- Pfeffer
- Salz

Wegbeschreibung:

1. Geben Sie das Hähnchen und die restlichen Zutaten in den Zip-Lock-Beutel. Beutel verschließen und über Nacht in den Kühlschrank stellen.
2. Heizen Sie den Grill bei mittlerer Hitze vor.
3. Legen Sie das Hähnchen auf den Grill und garen Sie es 5 Minuten auf jeder Seite oder bis es durchgegart ist.
4. Servieren und genießen.

Nährwert (Menge pro Portion):

- Kalorien 341
- Fett 16,2 g
- Kohlenhydrate 3,2 g
- Zucker 0,4 g
- Eiweiß 44,2 g
- Cholesterin 135 mg

Peri Peri Huhn

Zubereitungszeit: 10 Minuten
Kochzeit: 20 Minuten
Servieren: 6

Zutaten:

- 6 Hühnerkeulen
- ½ Tasse Olivenöl
- 1 Esslöffel Oregano
- 2 Esslöffel Essig
- 1 Teelöffel gemahlener schwarzer Pfeffer
- 2 Esslöffel Paprika
- 5 Knoblauchzehen
- 6 rote Chilis
- 1 rote Paprika, gewürfelt
- Salz

Wegbeschreibung:

1. Geben Sie alle Zutaten außer dem Huhn in den Mixer und pürieren Sie sie, bis sie glatt sind.
2. Hähnchen und vermengte Mischung in den Mixtopf geben und gut vermischen. Abdecken und für 4 Stunden in den Kühlschrank stellen.
3. Heizen Sie den Grill bei mittlerer Hitze vor.
4. Legen Sie das Hähnchen auf den Grill und garen Sie es 7-10 Minuten, drehen Sie das Hähnchen um und garen Sie es weitere 7-10 Minuten.
5. Servieren und genießen.

Nährwert (Menge pro Portion):

- Kalorien 244
- Fett 19,9 g
- Kohlenhydrate 4,7 g
- Zucker 1,5 g
- Eiweiß 13,5 g

- Cholesterin 40 mg

Thai-Huhn

Zubereitungszeit: 10 Minuten
Kochzeit: 6 Minuten
Servieren: 5

Zutaten:

- 2 Pfund Hähnchenschenkel, ohne Knochen und ohne Haut
- 2 Esslöffel Honig
- 3 Esslöffel brauner Zucker
- 1 Teelöffel Sesamöl
- 2 Esslöffel Sherrywein
- 3 Esslöffel Fischsauce
- 2 Teelöffel rote Chili, gehackt
- 2 Esslöffel frischer Limettensaft
- 1 ½ Esslöffel Knoblauch, gehackt
- 1 Stängel Zitronengras, gehackt
- ½ Teelöffel Pfeffer

Wegbeschreibung:

1. Geben Sie das Hähnchen und die restlichen Zutaten in den Zip-Lock-Beutel. Beutel verschließen und über Nacht in den Kühlschrank stellen.
2. Heizen Sie den Grill bei starker Hitze vor.
3. Nehmen Sie die Hähnchenschenkel aus der Marinade, legen Sie sie auf den Grill und garen Sie sie 3 Minuten auf jeder Seite.
4. Servieren und genießen.

Nährwert (Menge pro Portion):

- Kalorien 418
- Fett 14,4 g
- Kohlenhydrate 15,7 g
- Zucker 13 g
- Eiweiß 53,4 g
- Cholesterin 161 mg

Süßes & würziges Huhn

Zubereitungszeit: 10 Minuten
Kochzeit: 14 Minuten
Servieren: 6

Zutaten:

- 2 Pfund Hähnchenschenkel, ohne Knochen und ohne Haut
- 1 Esslöffel Knoblauch, gehackt
- 1 Esslöffel Ingwer, gerieben
- 1 ½ Esslöffel Reiswein
- 2 Esslöffel Sesamöl
- 2 Esslöffel brauner Zucker
- ¼ Tasse Honig
- 3 Esslöffel Gochujang
- ½ Tasse Sojasauce

Wegbeschreibung:

1. Geben Sie das Hähnchen und die restlichen Zutaten in den Zip-Lock-Beutel. Verschließen Sie den Beutel und stellen Sie ihn für 8 Stunden in den Kühlschrank.
2. Heizen Sie den Grill bei mittlerer Hitze vor.
3. Legen Sie das Huhn auf den Grill und garen Sie es 5-7 Minuten auf jeder Seite oder bis die Innentemperatur 165 F erreicht.
4. Servieren und genießen.

Nährwert (Menge pro Portion):

- Kalorien 427
- Fett 15,8 g
- Kohlenhydrate 24,1 g
- Zucker 18,9 g
- Eiweiß 45,8 g
- Cholesterin 135 mg

Süßes & pikantes Chipotle-Hühnchen

Zubereitungszeit: 10 Minuten
Kochzeit: 14 Minuten
Servieren: 4

Zutaten:

- 4 Hühnerbrüste, ohne Knochen
- Für die Marinade:
- 1 Esslöffel Wasser
- ¼ Tasse Koriander
- ¼ Teelöffel Kreuzkümmel
- 2 Limettensaft
- 5 Knoblauchzehen
- 2 Esslöffel Honig
- 1 Esslöffel Olivenöl
- 7 oz Chipotle-Paprika in Adobo-Sauce
- ¼ Teelöffel Pfeffer
- ¼ Teelöffel Salz

Wegbeschreibung:

1. Geben Sie die Zutaten für die Marinade in den Mixer und pürieren Sie sie, bis sie glatt sind.
2. Fügen Sie das Hähnchen und die vermengte Mischung in den Zip-Lock-Beutel. Verschließen Sie den Beutel und legen Sie ihn für 4 Stunden in den Kühlschrank.
3. Heizen Sie den Grill bei mittlerer Hitze vor.
4. Legen Sie das marinierte Hähnchen auf den Grill und garen Sie es 5-7 Minuten auf jeder Seite oder bis die Innentemperatur 165 F erreicht.
5. Servieren und genießen.

Nährwert (Menge pro Portion):

- Kalorien 375
- Fett 16,4 g

- Kohlenhydrate 13,9 g
- Zucker 9 g
- Eiweiß 44,6 g
- Cholesterin 140 mg

Mariniertes griechisches Huhn

Zubereitungszeit: 10 Minuten
Kochzeit: 14 Minuten
Servieren: 4

Zutaten:

- 4 Hähnchenbrüste, ohne Knochen und ohne Haut
- ½ Teelöffel Paprika
- 1 Teelöffel getrocknete Petersilie
- 1 Teelöffel getrockneter Thymian
- 1 Teelöffel getrockneter Rosmarin
- 1 Esslöffel getrockneter Oregano
- 1 ½ Teelöffel Ingwer-Knoblauch-Paste
- ¼ Tasse frischer Zitronensaft
- ¼ Tasse Olivenöl
- Pfeffer
- Salz

Wegbeschreibung:

1. Geben Sie das Hähnchen und die restlichen Zutaten in den Zip-Lock-Beutel. Verschließen Sie den Beutel und stellen Sie ihn für 8 Stunden in den Kühlschrank.
2. Heizen Sie den Grill bei mittlerer Hitze vor.
3. Legen Sie das Hähnchen auf den Grill und garen Sie es 5-7 Minuten, drehen Sie das Hähnchen um und garen Sie es weitere 5-7 Minuten oder bis es durchgegart ist.
4. Servieren und genießen.

Nährwert (Menge pro Portion):

- Kalorien 405
- Fett 24,1 g
- Kohlenhydrate 2,7 g
- Zucker 0,4 g
- Eiweiß 42,9 g
- Cholesterin 130 mg

Honig-Kräuter-Hähnchentender

Zubereitungszeit: 10 Minuten
Kochzeit: 10 Minuten
Servieren: 4

Zutaten:

- 1 ½ Pfund Hähnchenfilets
- 1 Teelöffel getrockneter Oregano
- 1 Teelöffel getrockneter Rosmarin
- 2 Esslöffel Kräuter der Provence
- 2 Esslöffel Zitronensaft
- 2 Esslöffel Olivenöl
- ¼ Tasse Honig
- 1 Schalotte, gehackt
- 1/3 Tasse Dijon-Senf
- Pfeffer
- Salz

Wegbeschreibung:

1. Hähnchenfilets und restliche Zutaten in den Mixtopf geben und gut vermischen. Abdecken und über Nacht in den Kühlschrank stellen.
2. Heizen Sie den Grill bei mittlerer Hitze vor.
3. Legen Sie das Hähnchen auf den Grill und garen Sie es 5 Minuten auf jeder Seite oder bis die Innentemperatur 165 F erreicht.
4. Servieren und genießen.

Nährwert (Menge pro Portion):

- Kalorien 178
- Fett 8,4 g
- Kohlenhydrate 20 g
- Zucker 17,8 g
- Eiweiß 7,9 g
- Cholesterin 17 mg

Würziges Ananas-Huhn

Zubereitungszeit: 10 Minuten

Kochzeit: 15 Minuten

Servieren: 4

Zutaten:

- 4 Hühnerbrüste, ohne Knochen
- 1 ½ Esslöffel Worcestershire-Sauce
- 1 Esslöffel Knoblauch, gehackt
- ½ Tasse BBQ-Sauce
- ¾ Tasse Ananassaft
- ¾ Tasse Bourbon

Wegbeschreibung:

1. Geben Sie die Hühnerbrüste in den Zip-Lock-Beutel.
2. Die restlichen Zutaten mischen und über das Hähnchen gießen. Beutel verschließen und über Nacht in den Kühlschrank stellen.
3. Heizen Sie den Grill bei mittlerer Hitze vor.
4. Nehmen Sie das Hähnchen aus der Marinade, legen Sie es auf den Grill und garen Sie es 12-15 Minuten oder bis die Innentemperatur 165 F erreicht.
5. Servieren und genießen.

Nährwert (Menge pro Portion):

- Kalorien 454
- Fett 11 g
- Kohlenhydrate 19,2 g
- Zucker 14 g
- Eiweiß 42,5 g
- Cholesterin 130 mg

Tandoori-Hähnchen-Spieße

Zubereitungszeit: 10 Minuten
Kochzeit: 12 Minuten
Servieren: 6

Zutaten:

- 2 Pfund Hähnchenschenkel, ohne Knochen und in Stücke geschnitten
- ½ Teelöffel Pfeffer
- 1 Teelöffel Olivenöl
- 1 rote Paprika, in Stücke geschnitten
- ¼ Zwiebel, in Stücke geschnitten
- ½ Teelöffel Knoblauchpulver
- ¼ Tasse Currypaste
- 1 ½ Esslöffel Zitronensaft
- 1 ½ Tassen griechischer Joghurt
- ¾ Teelöffel koscheres Salz

Wegbeschreibung:

1. Joghurt, Zitronensaft, Currypaste, Knoblauchpulver, Öl, Pfeffer und Salz in die große Schüssel geben und gut vermischen. Hähnchenfleisch hinzufügen und gut vermengen. Abdecken und für 8 Stunden in den Kühlschrank stellen.
2. Fädeln Sie das marinierte Hähnchen, die Paprika und die Zwiebel auf die Spieße.
3. Heizen Sie den Grill bei mittlerer Hitze vor.
4. Legen Sie die Hähnchenspieße auf den Grill und garen Sie sie 6 Minuten auf jeder Seite oder bis sie durchgegart sind.
5. Servieren und genießen.

Nährwert (Menge pro Portion):

- Kalorien 409
- Fett 18,9 g
- Kohlenhydrate 7,2 g
- Zucker 3,4 g
- Eiweiß 49,6 g
- Cholesterin 137 mg

Hähnchen-Burger-Patties

Zubereitungszeit: 10 Minuten
Kochzeit: 12 Minuten
Servieren: 6

Zutaten:

- 1 lb gemahlenes Huhn
- 1 Teelöffel Kreuzkümmelpulver
- ½ Teelöffel Cayennepfeffer
- 1 ½ Esslöffel Chilipulver
- ½ Paprika, gewürfelt
- 1 kleine Zwiebel, gewürfelt
- ½ Tasse Tortilla-Chips, gebacken & zerkleinert
- Salz

Wegbeschreibung:

1. Geben Sie alle Zutaten in die Schüssel und mischen Sie sie, bis sie gut miteinander verbunden sind.
2. Heizen Sie den Grill bei mittlerer Hitze vor.
3. Aus der Mischung Patties formen und mit Kochspray besprühen.
4. Legen Sie die Hähnchenpastetchen auf den Grill und garen Sie sie 5-6 Minuten auf jeder Seite oder bis sie durchgegart sind.
5. Servieren und genießen.

Nährwert (Menge pro Portion):

- Kalorien 159
- Fett 6,1 g
- Kohlenhydrate 4 g
- Zucker 1,2 g
- Eiweiß 22,5 g
- Cholesterin 67 mg

Honig-Senf-Hähnchen

Zubereitungszeit: 10 Minuten
Kochzeit: 8 Minuten
Servieren: 4

Zutaten:

- 4 Hühnerbrüste, ohne Knochen
- 2 Teelöffel Zitronensaft
- 1 Esslöffel Olivenöl
- ¼ Tasse Dijon-Senf
- ¼ Tasse Honig
- 2 Esslöffel Butter, geschmolzen
- Pfeffer
- Salz

Wegbeschreibung:

1. Geben Sie das Hähnchen und die restlichen Zutaten in die große Schüssel und mischen Sie sie gut.
2. Heizen Sie den Grill bei mittlerer Hitze vor.
3. Legen Sie das Hähnchen auf den Grill und garen Sie es 5 Minuten lang, drehen Sie das Hähnchen um und garen Sie es weitere 5 Minuten oder bis es durchgegart ist.
4. Servieren und genießen.

Nährwert (Menge pro Portion):

- Kalorien 156
- Fett 20,7 g
- Kohlenhydrate 18,4 g
- Zucker 17,6 g
- Eiweiß 43,1 g
- Cholesterin 145 mg

Geschwärztes Huhn

Zubereitungszeit: 10 Minuten
Kochzeit: 10 Minuten
Servieren: 4

Zutaten:

- 1 lb Hühnerbrust, ohne Knochen
- ¼ Teelöffel Pfeffer
- ¼ Teelöffel Knoblauchpulver
- ¼ Teelöffel Zwiebelpulver
- ¼ Teelöffel Chilipulver
- 1 Teelöffel italienisches Gewürz
- 1 Esslöffel Paprika
- ¼ Teelöffel Knoblauchsalz

Wegbeschreibung:

1. Hühnerfleisch, Pfeffer, Knoblauchpulver, Zwiebelpulver, Chilipulver, italienische Gewürze, Paprika und Salz in den Mixtopf geben und gut vermischen.
2. Heizen Sie den Grill bei starker Hitze vor.
3. Legen Sie das Hähnchen auf den Grill und garen Sie es 5 Minuten auf jeder Seite oder bis die Innentemperatur 165 F erreicht.
4. Servieren und genießen.

Nährwert (Menge pro Portion):

- Kalorien 140
- Fett 3,4 g
- Kohlenhydrate 1,6 g
- Zucker 0,4 g
- Eiweiß 24,4 g
- Cholesterin 73 mg

Kapitel 2: Rindfleisch, Schweinefleisch und Lamm

Rib-eye-Steak grillen

Zubereitungszeit: 10 Minuten
Kochzeit: 15 Minuten
Servieren: 6

Zutaten:

- 3 Rib-Eye-Steaks
- 1/3 Tasse Olivenöl
- 2 Teelöffel Pfeffer
- 3 Teelöffel koscheres Salz

Wegbeschreibung:

1. Steaks, Öl, Pfeffer und Salz in die große Schüssel geben und gut vermischen. Abdecken und über Nacht in den Kühlschrank stellen.
2. Heizen Sie den Grill bei mittlerer Hitze vor.
3. Legen Sie die Steaks auf den Grill und garen Sie sie 4-5 Minuten auf jeder Seite oder bis die Innentemperatur 130 F erreicht.
4. Servieren und genießen.

Nährwert (Menge pro Portion):

- Kalorien 303
- Fett 28,5 g
- Kohlenhydrate 0,5 g
- Zucker 0 g
- Eiweiß 12,1 g
- Cholesterin 45 mg

Würzige Rinderlende

Zubereitungszeit: 10 Minuten
Kochzeit: 30 Minuten
Servieren: 6

Zutaten:

- 2 Pfund Rinderlende
- 2 Esslöffel Olivenöl
- 2 Esslöffel Balsamico-Essig
- Zum Reiben:
- ½ Teelöffel Cayennepfeffer
- ½ Teelöffel Knoblauchpulver
- ¼ Teelöffel Pfeffer
- ½ Teelöffel Zwiebelpulver
- ¼ Teelöffel Paprika
- 1 Teelöffel Meersalz

Wegbeschreibung:

1. Mischen Sie in einer kleinen Schüssel alle Rub-Zutaten zusammen und stellen Sie sie beiseite.
2. Rinderlende mit Öl und Essig bepinseln und mit der Gewürzmischung einreiben.
3. Heizen Sie den Grill bei starker Hitze vor.
4. Rinderfilet auf den Grill legen und 4 Minuten auf jeder Seite garen.
5. Drehen Sie die Hitze auf mittlere Stufe und kochen Sie zugedeckt weitere 15-20 Minuten oder bis die Innentemperatur 135 F erreicht.
6. In Scheiben schneiden und servieren.

Nährwert (Menge pro Portion):

- Kalorien 355
- Fett 18,5 g
- Kohlenhydrate 0,6 g
- Zucker 0,2 g
- Eiweiß 43,9 g

- Cholesterin 139 mg

Leckere Short Ribs

Zubereitungszeit: 10 Minuten
Kochzeit: 12 Minuten
Servieren: 4

Zutaten:

- 2 Pfund Rinderkurzrippen
- Für die Marinade:
- 1 grüne Zwiebel, gehackt
- ½ Esslöffel Sesamsamen, geröstet
- 1 Esslöffel Sesamöl
- 1 Esslöffel Knoblauch, gehackt
- 2 Esslöffel Chili-Paste
- 3 Esslöffel brauner Zucker
- ½ Tasse Mirin
- ½ Tasse Sojasauce

Wegbeschreibung:

1. Rinderrippen und Zutaten für die Marinade in den Zip-Lock-Beutel geben. Verschließen Sie den Beutel und legen Sie ihn über Nacht in den Kühlschrank.
2. Heizen Sie den Grill bei starker Hitze vor.
3. Legen Sie die Rinderrippen auf den Grill und garen Sie sie 5-6 Minuten auf jeder Seite oder bis sie durchgegart sind.
4. Servieren und genießen.

Nährwert (Menge pro Portion):

- Kalorien 623
- Fett 25,7 g
- Kohlenhydrate 27,3 g
- Zucker 17,2 g
- Eiweiß 68,4 g
- Cholesterin 209 mg

Griechische Lammkoteletts

Zubereitungszeit: 10 Minuten
Kochzeit: 10 Minuten
Servieren: 4

Zutaten:

- 1 ½ lbs Lammkoteletts
- 2 Teelöffel Oregano
- 1 Esslöffel Knoblauch, gehackt
- 1 Esslöffel Joghurt
- 1 Zitrone Saft
- ¼ Tasse Olivenöl
- ¼ Teelöffel Pfeffer
- ¼ Teelöffel Salz

Wegbeschreibung:

1. Geben Sie alle Zutaten in den Zip-Lock-Beutel. Verschließen Sie den Beutel und stellen Sie ihn über Nacht in den Kühlschrank.
2. Heizen Sie den Grill bei mittlerer Hitze vor.
3. Legen Sie die Lammkoteletts auf den Grill und garen Sie sie 4-5 Minuten auf jeder Seite oder bis sie durchgegart sind.
4. Servieren und genießen.

Nährwert (Menge pro Portion):

- Kalorien 436
- Fett 25,3 g
- Kohlenhydrate 1,8 g
- Zucker 0,6 g
- Eiweiß 48,3 g
- Cholesterin 153 mg

Schnell & einfach Rindfleischpasteten

Zubereitungszeit: 10 Minuten
Kochzeit: 10 Minuten
Servieren: 4

Zutaten:

- 1 Pfund Rinderhackfleisch
- 1 Teelöffel Chilipulver
- 1 Teelöffel Paprika
- 1 Teelöffel Zwiebelpulver
- 1 Teelöffel Knoblauchpulver
- ½ Teelöffel Pfeffer
- 1 Teelöffel koscheres Salz

Wegbeschreibung:

1. Geben Sie alle Zutaten in die Schüssel und mischen Sie sie, bis sie gut miteinander verbunden sind.
2. Heizen Sie den Grill bei mittlerer Hitze vor.
3. Aus der Mischung Patties formen und auf den Grill legen und 5 Minuten auf jeder Seite oder bis zum Garen garen.
4. Servieren und genießen.

Nährwert (Menge pro Portion):

- Kalorien 219
- Fett 7,3 g
- Kohlenhydrate 1,8 g
- Zucker 0,5 g
- Eiweiß 34,8 g
- Cholesterin 101 mg

Bourbon-Schweineleberlende

Zubereitungszeit: 10 Minuten
Kochzeit: 15 Minuten
Servieren: 6

Zutaten:

- 2 Pfund Schweinefilet
- ¼ Teelöffel Knoblauchpulver
- 1 Zitrone Saft
- 2 Esslöffel Worcestershire-Sauce
- ¼ Tasse Sojasauce
- ¼ Tasse brauner Zucker
- ½ Tasse Bourbon

Wegbeschreibung:

1. Fügen Sie die Schweinefilets und die restlichen Zutaten in den Zip-Lock-Beutel. Beutel verschließen und über Nacht in den Kühlschrank stellen.
2. Heizen Sie den Grill bei mittlerer Hitze vor.
3. Legen Sie die Filetstücke auf den Grill und garen Sie sie, bis die Innentemperatur 145 F erreicht.
4. Servieren und genießen.

Nährwert (Menge pro Portion):

- Kalorien 383
- Fett 12,3 g
- Kohlenhydrate 8 g
- Zucker 7,2 g
- Eiweiß 45,9 g
- Cholesterin 142 mg

Steaks vom Grill

Zubereitungszeit: 10 Minuten
Kochzeit: 10 Minuten
Servieren: 2

Zutaten:

- 24 oz New York Strip Steaks
- 2 Esslöffel Olivenöl
- 1 Tasse Chermoula

Wegbeschreibung:

1. Steaks, Öl und Chermoula in eine Rührschüssel geben und gut vermischen. Abdecken und für 1 Stunde in den Kühlschrank stellen.
2. Heizen Sie den Grill bei mittlerer Hitze vor.
3. Legen Sie die Steaks auf den Grill und garen Sie sie 4-5 Minuten auf jeder Seite oder bis die Innentemperatur 140 F erreicht.
4. Servieren und genießen.

Nährwert (Menge pro Portion):

- Kalorien 149
- Fett 15,3 g
- Kohlenhydrate 0 g
- Zucker 0 g
- Eiweiß 4,1 g
- Cholesterin 11 mg

Saftige Schweinefleischspieße

Zubereitungszeit: 10 Minuten
Kochzeit: 10 Minuten
Servieren: 10

Zutaten:

- 4 Pfund Schweineschulter, ohne Knochen und in Stücke geschnitten
- 1 Tasse Mayonnaise
- ½ Tasse Rotwein
- 1 Zwiebel, gerieben
- 6 Knoblauchzehen, gehackt
- 2 Paprika, in Würfel geschnitten
- Pfeffer
- Salz

Wegbeschreibung:

1. Schweinefleischstücke, Mayonnaise, Wein, Zwiebel, Knoblauch, Pfeffer und Salz in den Mixtopf geben und gut vermischen. Abdecken und über Nacht in den Kühlschrank stellen.
2. Fädeln Sie marinierte Schweinefleischstücke und Paprika auf die Spieße.
3. Heizen Sie den Grill bei mittlerer Hitze vor.
4. Legen Sie die Spieße auf den Grill und kochen Sie sie 8-10 Minuten oder bis die Innentemperatur 145 F erreicht.
5. Servieren und genießen.

Nährwert (Menge pro Portion):

- Kalorien 646
- Fett 46,7 g
- Kohlenhydrate 9,4 g
- Zucker 3,3 g
- Eiweiß 42,9 g
- Cholesterin 169 mg

Würzige Lammkoteletts

Zubereitungszeit: 10 Minuten
Kochzeit: 12 Minuten
Servieren: 4

Zutaten:

- 8 Lammkoteletts
- 2 Esslöffel Harissa
- ½ Teelöffel gemahlener Kreuzkümmel
- 1 Esslöffel Knoblauch, gehackt
- 2 Esslöffel Zitronensaft
- Pfeffer
- Salz

Wegbeschreibung:

1. Lammkoteletts und restliche Zutaten in die Schüssel geben und gut mischen. Abdecken und 1 Stunde lang marinieren.
2. Heizen Sie den Grill bei mittlerer Hitze vor.
3. Legen Sie die Lammkoteletts auf den Grill und garen Sie sie 4-6 Minuten oder bis die Innentemperatur 145 F erreicht.
4. Servieren und genießen.

Nährwert (Menge pro Portion):

- Kalorien 347
- Fett 13,8 g
- Kohlenhydrate 4 g
- Zucker 2,2 g
- Eiweiß 48,5 g
- Cholesterin 156 mg

Marinierte Steakspieße

Zubereitungszeit: 10 Minuten

Kochzeit: 8 Minuten

Servieren: 4

Zutaten:

- 2 Pfund Top-Sirloin-Steak, in Würfel geschnitten
- 1 Esslöffel Knoblauch, gehackt
- 2 Esslöffel Zitronensaft
- 2 Esslöffel Worcestershire-Sauce
- 2 Esslöffel Olivenöl
- ¼ Tasse Sojasauce
- ½ Tasse Rotwein

Wegbeschreibung:

1. Steakwürfel und restliche Zutaten in die Schüssel geben und 2 Stunden marinieren lassen.
2. Heizen Sie den Grill bei mittlerer Hitze vor.
3. Marinierte Steakwürfel auf die Spieße stecken.
4. Steakspieße auf den Grill legen und auf jeder Seite 2 Minuten garen.
5. Servieren und genießen.

Nährwert (Menge pro Portion):

- Kalorien 527
- Fett 21,2 g
- Kohlenhydrate 4,4 g
- Zucker 2,2 g
- Eiweiß 70 g
- Cholesterin 203 mg

Kräuter-Lamm-Spieße

Zubereitungszeit: 10 Minuten
Kochzeit: 10 Minuten
Servieren: 6

Zutaten:

- 1 ½ lbs Lammfleisch, in Stücke geschnitten
- ¼ Tasse Olivenöl
- 1/8 Teelöffel Chiliflocken
- 1 Zitronenschale
- ½ Teelöffel Pfeffer
- 1 Esslöffel Knoblauch, gehackt
- 2 Teelöffel Oregano, gehackt
- 1 ½ Esslöffel Petersilie, gehackt
- 1 ½ Esslöffel Minze, gehackt
- 1 ½ Esslöffel Rosmarin, gehackt
- Pfeffer
- Salz

Wegbeschreibung:

1. Lammstücke und restliche Zutaten in die Schüssel geben und gut mischen. Abdecken und über Nacht in den Kühlschrank stellen.
2. Heizen Sie den Grill bei mittlerer Hitze vor.
3. Marinierte Lammstücke auf die Spieße stecken.
4. Lammspieße auf den Grill legen und 8-10 Minuten oder bis zum Durchgaren garen.
5. Servieren und genießen.

Nährwert (Menge pro Portion):

- Kalorien 294
- Fett 17 g
- Kohlenhydrate 2,5 g
- Zucker 0,3 g
- Eiweiß 32,2 g

- Cholesterin 102 mg

Griechische Lamm-Pastetchen

Zubereitungszeit: 10 Minuten
Kochzeit: 8 Minuten
Servieren: 4

Zutaten:

- 1 lb gemahlenes Lammfleisch
- 1 Tasse Feta-Käse, zerbröckelt
- 1 Esslöffel Knoblauch, gehackt
- 1 Jalapeno-Pfeffer, gehackt
- 6 frische Basilikumblätter, gehackt
- 10 Minzblätter, gehackt
- 1 Teelöffel getrockneter Oregano
- Pfeffer
- Salz

Wegbeschreibung:

1. Geben Sie alle Zutaten in die Schüssel und mischen Sie sie, bis sie gut miteinander verbunden sind.
2. Heizen Sie den Grill bei mittlerer Hitze vor.
3. Aus der Mischung Patties formen und auf den Grill legen und 4 Minuten auf jeder Seite garen.
4. Servieren und genießen.

Nährwert (Menge pro Portion):

- Kalorien 328
- Fett 16,6 g
- Kohlenhydrate 5,1 g
- Zucker 1,7 g
- Eiweiß 38,4 g
- Cholesterin 135 mg

Chuck-Eye-Steaks mit Kräutern

Zubereitungszeit: 10 Minuten
Kochzeit: 10 Minuten
Servieren: 4

Zutaten:

- 4 Chuck-Eye-Steaks
- 2 Teelöffel Olivenöl
- 1 Teelöffel trockener Senf
- 1 Teelöffel Pfeffer
- 2 Teelöffel getrockneter Rosmarin
- 4 Teelöffel getrockneter Thymian
- 4 Teelöffel getrockneter Oregano
- 2 Teelöffel koscheres Salz

Wegbeschreibung:

1. Steaks, Öl, Senf, Pfeffer, Rosmarin, Thymian, Oregano und Salz in die Schüssel geben und gut vermischen. Abdecken und für 1 Stunde in den Kühlschrank stellen.
2. Legen Sie die Steaks auf den Grill und garen Sie sie 5 Minuten auf jeder Seite oder bis die Innentemperatur 130 F erreicht.
3. Servieren und genießen.

Nährwert (Menge pro Portion):

- Kalorien 285
- Fett 21,9 g
- Kohlenhydrate 2,6 g
- Zucker 0,1 g
- Eiweiß 21,6 g
- Cholesterin 75 mg

Senf-Schweinekoteletts

Zubereitungszeit: 10 Minuten
Kochzeit: 10 Minuten
Servieren: 4

Zutaten:

- 4 Schweinekoteletts
- 2 Knoblauchzehen, gehackt
- 1 Esslöffel Tamari
- 2 Esslöffel Essig
- 2 Esslöffel körniger Senf
- 2 Esslöffel Dijon-Senf
- ¼ Tasse Honig
- Pfeffer
- Salz

Wegbeschreibung:

1. Geben Sie die Schweinekoteletts und die restlichen Zutaten in den Zip-Lock-Beutel, verschließen Sie den Beutel und legen Sie ihn über Nacht in den Kühlschrank.
2. Heizen Sie den Grill bei mittlerer Hitze vor.
3. Legen Sie die Schweinekoteletts auf den Grill und garen Sie sie 3-5 Minuten auf jeder Seite.
4. Servieren und genießen.

Nährwert (Menge pro Portion):

- Kalorien 337
- Fett 20,5 g
- Kohlenhydrate 19,2 g
- Zucker 17,6 g
- Eiweiß 19 g
- Cholesterin 69 mg

Leckere Lamm-Pastetchen

Zubereitungszeit: 10 Minuten
Kochzeit: 10 Minuten
Servieren: 4

Zutaten:

- 1 lb gemahlenes Lammfleisch
- 1 Teelöffel Pfeffer
- 2 Teelöffel gemahlener Koriander
- 2 Esslöffel Zitronensaft
- 2 Esslöffel Koriander, gehackt
- 2 Eier, leicht verquirlt
- 1 Zwiebel, gehackt
- 1 Teelöffel Salz

Wegbeschreibung:

1. Geben Sie alle Zutaten in die Schüssel und mischen Sie sie, bis sie gut miteinander verbunden sind.
2. Heizen Sie den Grill bei mittlerer Hitze vor.
3. Aus der Mischung Patties formen und auf den Grill legen und 5 Minuten auf jeder Seite oder bis zum Garen garen.
4. Servieren und genießen.

Nährwert (Menge pro Portion):

- Kalorien 257
- Fett 10,6 g
- Kohlenhydrate 3,3 g
- Zucker 1,5 g
- Eiweiß 35 g
- Cholesterin 184 mg

Leckere Schweinefleisch-Patties

Zubereitungszeit: 10 Minuten
Kochzeit: 12 Minuten
Servieren: 4

Zutaten:

- 1 Pfund Schweinehackfleisch
- 1 Tasse Karotte, geraspelt
- 1 Esslöffel Reisessig
- 1 Pfund Schweinehackfleisch
- 2 Teelöffel Sesamöl
- 1 Esslöffel Ingwer, gehackt
- 2 Knoblauchzehen, gehackt
- 2 Frühlingszwiebeln, gehackt
- Pfeffer
- Salz

Wegbeschreibung:

1. Geben Sie alle Zutaten in die Schüssel und mischen Sie sie, bis sie gut miteinander verbunden sind.
2. Formen Sie aus der Mischung Patties.
3. Heizen Sie den Grill bei mittlerer Hitze vor.
4. Legen Sie die Patties auf den Grill und garen Sie sie 4-5 Minuten oder bis die Innentemperatur 155 F erreicht.
5. Servieren und genießen.

Nährwert (Menge pro Portion):

- Kalorien 368
- Fett 10,3 g
- Kohlenhydrate 4,7 g
- Zucker 1,6 g
- Eiweiß 60 g

- Cholesterin 166 mg

Klassische Rindfleisch-Patties

Zubereitungszeit: 10 Minuten
Kochzeit: 10 Minuten
Servieren: 8

Zutaten:

- 2 Pfund Rinderhackfleisch
- 1 Teelöffel trockener Senf
- 1 Esslöffel Paprika
- 2 Esslöffel granulierter Knoblauch
- ¼ Tasse brauner Zucker
- Pfeffer
- Salz

Wegbeschreibung:

1. Geben Sie alle Zutaten in die Schüssel und mischen Sie sie, bis sie gut miteinander verbunden sind.
2. Heizen Sie den Grill bei mittlerer Hitze vor.
3. Aus der Mischung Patties formen und auf den Grill legen und 5 Minuten auf jeder Seite garen oder bis die Innentemperatur 165 F erreicht.
4. Servieren und genießen.

Nährwert (Menge pro Portion):

- Kalorien 239
- Fett 7,3 g
- Kohlenhydrate 6,6 g
- Zucker 5 g
- Eiweiß 35 g
- Cholesterin 101 mg

Zarte Honig-Senf-Schweinekoteletts

Zubereitungszeit: 10 Minuten

Kochzeit: 8 Minuten

Servieren: 4

Zutaten:

- 4 Schweinekoteletts, nicht entbeint
- ¼ Tasse brauner Zucker
- ¼ Teelöffel Cayennepfeffer
- 1 Teelöffel Zwiebelpulver
- 3 Esslöffel Senf
- ½ Tasse Honig
- ½ Teelöffel Speisestärke
- 2 Esslöffel Apfelessig
- Pfeffer
- Salz

Wegbeschreibung:

1. Geben Sie braunen Zucker, Cayenne, Zwiebelpulver, Senf, Honig, Maisstärke und Essig in den Topf und kochen Sie 5 Minuten lang.
2. Heizen Sie den Grill bei mittlerer Hitze vor.
3. Würzen Sie die Schweinekoteletts mit Pfeffer und Salz, legen Sie sie auf den Grill und garen Sie sie 3-4 Minuten auf jeder Seite oder bis sie durchgegart sind.
4. Schweinekoteletts mit brauner Zuckermischung bestreichen und servieren.

Nährwert (Menge pro Portion):

- Kalorien 464
- Fett 22,3 g
- Kohlenhydrate 47,7 g
- Zucker 44,4 g
- Eiweiß 20,3 g
- Cholesterin 69 mg

Lammkoteletts

Zubereitungszeit: 10 Minuten
Kochzeit: 10 Minuten
Servieren: 6

Zutaten:

- 12 Lammkoteletts
- 2 Esslöffel Rosmarin, gehackt
- 10 Knoblauchzehen, gehackt
- Pfeffer
- Salz

Wegbeschreibung:

1. Lammkoteletts, Rosmarin, Knoblauch, Pfeffer und Salz in den Mixtopf geben und gut vermischen. Abdecken und für 6 Stunden in den Kühlschrank stellen.
2. Heizen Sie den Grill bei mittlerer Hitze vor.
3. Pinseln Sie die Grillroste mit Öl ein.
4. Legen Sie die Lammkoteletts auf den Grill und garen Sie sie 8-10 Minuten oder bis die Innentemperatur 130 F erreicht.
5. Servieren und genießen.

Nährwert (Menge pro Portion):

- Kalorien 327
- Fett 12,7 g
- Kohlenhydrate 2,4 g
- Zucker 0,1 g
- Eiweiß 48,1 g
- Cholesterin 153 mg

Tandoori-Lammkoteletts

Zubereitungszeit: 10 Minuten
Kochzeit: 6 Minuten
Servieren: 2

Zutaten:

- 6 Lammkoteletts
- ¼ Teelöffel Cayennepfeffer
- 2 Teelöffel Paprika
- 2 Esslöffel Zitronensaft
- 1 Teelöffel Ingwer, gehackt
- 1 Teelöffel Knoblauch, gehackt
- 1 Esslöffel Kurkuma
- 1 ½ Esslöffel Garam Masala
- ¾ Tasse Joghurt
- 1 Teelöffel Salz

Wegbeschreibung:

1. Lammkoteletts und restliche Zutaten in die Schüssel geben und gut mischen. Abdecken und für 1 Stunde in den Kühlschrank stellen.
2. Heizen Sie den Grill bei mittlerer Hitze vor.
3. Legen Sie die Lammkoteletts auf den Grill und garen Sie sie 2-3 Minuten auf jeder Seite oder bis sie durchgegart sind.
4. Servieren und genießen.

Nährwert (Menge pro Portion):

- Kalorien 567
- Fett 20,6 g
- Kohlenhydrate 11,4 g
- Zucker 7,2 g
- Eiweiß 77,8 g
- Cholesterin 235 mg

Kapitel 3: Fisch und Meeresfrüchte

Geschwärzter weißer Fisch

Zubereitungszeit: 10 Minuten
Kochzeit: 8 Minuten
Servieren: 4

Zutaten:

- 4 weiße Fischfilets
- 1 1/2 Esslöffel Schwärzungsgewürz
- 1 Esslöffel Olivenöl
- 1/2 Teelöffel koscheres Salz

Wegbeschreibung:

1. Fischfilets mit Öl bepinseln und mit Schwärzungsgewürz und Salz bestreuen.
2. Heizen Sie den Grill bei mittlerer Hitze vor.
3. Legen Sie die Fischfilets auf den Grill und garen Sie sie 4 Minuten auf jeder Seite.
4. Servieren und genießen.

Nährwert (Menge pro Portion):

- Kalorien 295
- Fett 15,1 g
- Kohlenhydrate 0 g
- Zucker 0 g
- Eiweiß 37,7 g
- Cholesterin 119 mg

Leckere Fischspieße

Zubereitungszeit: 10 Minuten
Kochzeit: 10 Minuten
Servieren: 4

Zutaten:

- 1 1/2 Pfund Kabeljaufilets, in Würfel geschnitten
- 2 Esslöffel frischer Zitronensaft
- 4 Knoblauchzehen, gehackt
- 2 Paprikaschoten, in 1-Zoll-Stücke geschnitten
- 1/2 Teelöffel Paprika
- 4 Esslöffel Olivenöl
- 1/4 Teelöffel Pfeffer
- 1 Teelöffel koscheres Salz

Wegbeschreibung:

1. Geben Sie alle Zutaten in den Mixtopf und lassen Sie sie 1 Stunde lang marinieren.
2. Heizen Sie den Grill bei mittlerer Hitze vor.
3. Fädeln Sie marinierte Fischstückchen auf die Spieße.
4. Spieße auf den Grill legen und 2-3 Minuten auf jeder Seite garen.
5. Servieren und genießen.

Nährwert (Menge pro Portion):

- Kalorien 325
- Fett 15,7 g
- Kohlenhydrate 5,9 g
- Zucker 3,2 g
- Eiweiß 39,7 g
- Cholesterin 94 mg

Pikante Lachsfilets

Zubereitungszeit: 10 Minuten
Kochzeit: 10 Minuten
Servieren: 2

Zutaten:

- 2 Lachsfilets
- 1 Esslöffel Knoblauch, gehackt
- 1 Jalapeno-Pfeffer, gewürfelt
- 2 Esslöffel Zitronensaft
- 3 Esslöffel Senf
- 1/4 Tasse Olivenöl
- 2 Esslöffel Honig

Wegbeschreibung:

1. Fischfilets und restliche Zutaten in den Zip-Lock-Beutel geben. Beutel verschließen und für 30 Minuten in den Kühlschrank stellen.
2. Heizen Sie den Grill bei mittlerer Hitze vor.
3. Legen Sie die Lachsfilets auf den Grill und garen Sie sie 5 Minuten auf jeder Seite.
4. Servieren und genießen.

Nährwert (Menge pro Portion):

- Kalorien 606
- Fett 41,2 g
- Kohlenhydrate 25,3 g
- Zucker 19 g
- Eiweiß 39,3 g
- Cholesterin 78 mg

Easy Grill Jakobsmuscheln

Zubereitungszeit: 10 Minuten
Kochzeit: 6 Minuten
Servieren: 4

Zutaten:

- 1 Pfund Jakobsmuscheln
- 1 Esslöffel frischer Zitronensaft
- 2 Esslöffel Butter, geschmolzen
- Pfeffer
- Salz

Wegbeschreibung:

1. Jakobsmuschel und restliche Zutaten in eine Schüssel geben und gut mischen.
2. Heizen Sie den Grill bei mittlerer Hitze vor.
3. Legen Sie die Jakobsmuscheln auf den Grill und garen Sie sie 2-3 Minuten auf jeder Seite.
4. Servieren und genießen.

Nährwert (Menge pro Portion):

- Kalorien 152
- Fett 6,7 g
- Kohlenhydrate 2,8 g
- Zucker 0,1 g
- Eiweiß 19,1 g
- Cholesterin 53 mg

Gesunde Lachs-Pastetchen

Zubereitungszeit: 10 Minuten
Kochzeit: 8 Minuten
Servieren: 6

Zutaten:

- 2 Eier
- 1 lb Lachsfilet
- 1 Esslöffel frischer Zitronensaft
- 1/4 Tasse Mayonnaise
- 1 Tasse Paniermehl
- 1 Teelöffel Senf
- Pfeffer
- Salz

Wegbeschreibung:

1. Geben Sie alle Zutaten in die Schüssel und mischen Sie sie, bis sie gut miteinander verbunden sind.
2. Formen Sie aus der Mischung Patties.
3. Heizen Sie den Grill bei mittlerer Hitze vor.
4. Legen Sie die Patties auf den Grill und garen Sie sie 4 Minuten auf jeder Seite.
5. Servieren und genießen.

Nährwert (Menge pro Portion):

- Kalorien 234
- Fett 10,5 g
- Kohlenhydrate 15,7 g
- Zucker 2 g
- Eiweiß 19,2 g
- Cholesterin 90 mg

Pikante weiße Filets

Zubereitungszeit: 10 Minuten
Kochzeit: 10 Minuten
Servieren: 4

Zutaten:

- 2 Pfund weiße Filets
- 1 Esslöffel Knoblauch, gehackt
- 4 Esslöffel Butter
- 1 Esslöffel frischer Zitronensaft
- 3 Esslöffel Olivenöl
- 1/4 Teelöffel Cayennepfeffer
- 2 Esslöffel frisches Basilikum, gehackt

Wegbeschreibung:

1. Fischfilets, Zitronensaft und Öl in die Schüssel geben und gut mischen. Abdecken und für 30 Minuten beiseite stellen.
2. Heizen Sie den Grill bei mittlerer Hitze vor.
3. Legen Sie die Fischfilets auf den Grill und garen Sie sie 5 Minuten auf jeder Seite.
4. Servieren und genießen.

Nährwert (Menge pro Portion):

- Kalorien 371
- Fett 30,9 g
- Kohlenhydrate 12 g
- Zucker 2,2 g
- Eiweiß 17,3 g
- Cholesterin 31 mg

Leckerer Schwertfisch

Zubereitungszeit: 10 Minuten
Kochzeit: 10 Minuten
Servieren: 4

Zutaten:

- 4 Schwertfischsteaks
- 1 1/2 Esslöffel Honig
- 1/4 Tasse Olivenöl
- 1/4 Teelöffel Pfeffer
- 3/4 Teelöffel Knoblauch, gehackt
- 1 1/2 Esslöffel Sojasauce
- 1/2 Teelöffel koscheres Salz

Wegbeschreibung:

1. Schwertfisch und restliche Zutaten in den Zip-Lock-Beutel geben. Beutel verschließen und für 5 Stunden in den Kühlschrank stellen.
2. Heizen Sie den Grill bei mittlerer Hitze vor.
3. Legen Sie die Fischfilets auf den Grill und garen Sie sie 5 Minuten auf jeder Seite.
4. Servieren und genießen.

Nährwert (Menge pro Portion):

- Kalorien 301
- Fett 18,1 g
- Kohlenhydrate 7,2 g
- Zucker 6,6 g
- Eiweiß 27,4 g
- Cholesterin 53 mg

Griechische Fischfilets

Zubereitungszeit: 10 Minuten

Kochzeit: 10 Minuten

Servieren: 4

Zutaten:

- 4 Kabeljau-Fischfilets

Für die Marinade:

- 1 1/2 Teelöffel getrocknetes Basilikum
- 2 Esslöffel Zitronensaft
- 6 Esslöffel Olivenöl
- 1 Esslöffel Knoblauchpaste
- 1 Teelöffel Spike-Gewürz
- 1 Teelöffel Pfeffer

Wegbeschreibung:

1. Fischfilets und alle Zutaten für die Marinade in den Zip-Lock-Beutel geben. Beutel verschließen und für 30 Minuten in den Kühlschrank stellen.
2. Heizen Sie den Grill bei mittlerer Hitze vor.
3. Legen Sie die Fischfilets auf den Grill und garen Sie sie 5 Minuten auf jeder Seite.
4. Servieren und genießen.

Nährwert (Menge pro Portion):

- Kalorien 375
- Fett 22,6 g
- Kohlenhydrate 1,2 g
- Zucker 0,2 g
- Eiweiß 41,4 g
- Cholesterin 99 mg

Zitronen-Pfeffer-Lachs

Zubereitungszeit: 10 Minuten
Kochzeit: 8 Minuten
Servieren: 4

Zutaten:

- 1 lb Lachsfilets
- 1/4 Tasse Olivenöl
- 1 Zitrone Saft
- 1/2 Teelöffel Pfeffer
- 1 Teelöffel Meersalz

Wegbeschreibung:

1. In einer großen Schüssel Öl, Zitronensaft, Pfeffer und Salz mischen. Lachsfilets hinzufügen und gut ummanteln. Abdecken und für 20 Minuten in den Kühlschrank stellen.
2. Heizen Sie den Grill bei mittlerer Hitze vor.
3. Legen Sie die Lachsfilets auf den Grill und garen Sie sie 4 Minuten auf jeder Seite oder bis sie gar sind.
4. Servieren und genießen.

Nährwert (Menge pro Portion):

- Kalorien 261
- Fett 19,7 g
- Kohlenhydrate 0,4 g
- Zucker 0,3 g
- Eiweiß 22,1 g
- Cholesterin 50 mg

Schnelle Shrimp-Spieße

Zubereitungszeit: 10 Minuten

Kochzeit: 6 Minuten

Servieren: 4

Zutaten:

- 1 1/2 Pfund Garnelen, geschält und entdarmt
- 1 Esslöffel Chilipulver
- 1 Esslöffel Limettensaft
- 2 Esslöffel Olivenöl
- 1 Teelöffel koscheres Salz

Wegbeschreibung:

1. Krabben und restliche Zutaten in die Schüssel geben und gut mischen.
2. Fädeln Sie die Garnelen auf die Spieße.
3. Heizen Sie den Grill bei mittlerer Hitze vor.
4. Garnelenspieße auf den Grill legen und auf jeder Seite 2-3 Minuten garen.
5. Servieren und genießen.

Nährwert (Menge pro Portion):

- Kalorien 271
- Fett 10,2 g
- Kohlenhydrate 4,5 g
- Zucker 0,3 g
- Eiweiß 39 g
- Cholesterin 358 mg

Gegrillter Mahi Mahi

Zubereitungszeit: 10 Minuten
Kochzeit: 10 Minuten
Servieren: 2

Zutaten:

- 2 Mahi-Mahi-Filets
- 2 Esslöffel frischer Zitronensaft
- 1 Teelöffel Kreuzkümmel
- 1/2 Teelöffel Knoblauchpulver
- 2 Esslöffel Olivenöl
- Pfeffer
- Salz

Wegbeschreibung:

1. Mischen Sie Kreuzkümmel, Knoblauchpulver, Pfeffer und Salz in einer kleinen Schüssel.
2. Fischfilets mit Öl bepinseln und mit Gewürzmischung würzen.
3. Heizen Sie den Grill bei mittlerer Hitze vor.
4. Legen Sie die Fischfilets auf den Grill und garen Sie sie 5 Minuten auf jeder Seite.
5. Mit Zitronensaft beträufeln und servieren.

Nährwert (Menge pro Portion):

- Kalorien 220
- Fett 15,4 g
- Kohlenhydrate 1,3 g
- Zucker 0,5 g
- Eiweiß 30,4 g
- Cholesterin 80 mg

Asiatische Fischfilets

Zubereitungszeit: 10 Minuten
Kochzeit: 10 Minuten
Servieren: 5

Zutaten:

- 1 1/2 lbs weiße Fischfilets
- 1 Esslöffel Fischsauce
- 1 Esslöffel Olivenöl
- 1/4 Tasse Koriander, gehackt
- 2 Teelöffel Knoblauch, gehackt
- 2 Limettensaft
- 2 Teelöffel Sojasauce

Wegbeschreibung:

1. Fischfilets und restliche Zutaten in den Zip-Lock-Beutel geben. Beutel verschließen und für 30 Minuten in den Kühlschrank stellen.
2. Heizen Sie den Grill bei mittlerer Hitze vor.
3. Legen Sie die Fischfilets auf den Grill und garen Sie sie 5 Minuten auf jeder Seite.
4. Servieren und genießen.

Nährwert (Menge pro Portion):

- Kalorien 267
- Fett 13 g
- Kohlenhydrate 2,2 g
- Zucker 0,5 g
- Eiweiß 33,8 g
- Cholesterin 105 mg

Limettenbutter-Fischfilets

Zubereitungszeit: 10 Minuten
Kochzeit: 12 Minuten
Servieren: 4

Zutaten:

- 1 1/2 Pfund Kabeljau-Fischfilets
- 2 Esslöffel Butter, geschmolzen
- 1 Limettenschale
- 2 Esslöffel Limettensaft
- Pfeffer
- Salz

Wegbeschreibung:

1. Mischen Sie in einer kleinen Schüssel Butter, Limettensaft, Limettenschale, Pfeffer und Salz.
2. Heizen Sie den Grill bei mittlerer Hitze vor.
3. Fischfilets mit der Buttermischung bepinseln und auf den Grill legen und 5-6 Minuten auf jeder Seite garen.
4. Servieren und genießen.

Nährwert (Menge pro Portion):

- Kalorien 235
- Fett 7,2 g
- Kohlenhydrate 2 g
- Zucker 0,4 g
- Eiweiß 39 g
- Cholesterin 109 mg

Geschwärzter Schellfisch

Zubereitungszeit: 10 Minuten
Kochzeit: 8 Minuten
Servieren: 4

Zutaten:

- 4 Schellfischfilets
- 2 Esslöffel Blackened-Gewürz
- 1 Esslöffel Olivenöl
- 1/2 Teelöffel koscheres Salz

Wegbeschreibung:

1. Fischfilets mit Öl bepinseln und mit Schwärzungsgewürz und Salz bestreuen.
2. Heizen Sie den Grill bei mittlerer Hitze vor.
3. Legen Sie die Fischfilets auf den Grill und garen Sie sie 4 Minuten auf jeder Seite oder bis die Innentemperatur 130 F erreicht.
4. Servieren und genießen.

Nährwert (Menge pro Portion):

- Kalorien 186
- Fett 5 g
- Kohlenhydrate 2,3 g
- Zucker 0,1 g
- Eiweiß 32,4 g
- Cholesterin 82 mg

Marinierte Garnelenspieße

Zubereitungszeit: 10 Minuten
Kochzeit: 6 Minuten
Servieren: 8

Zutaten:

- 1 Pfund Garnelen, geschält und entdarmt

Für die Marinade:

- 2 Knoblauchzehen, gehackt
- 1/2 Tasse Orangensaft
- 1/4 Tasse Olivenöl
- 2 Esslöffel Sriracha
- 1 Limettensaft
- 1/2 Teelöffel koscheres Salz

Wegbeschreibung:

1. Geben Sie die Garnelen und alle Zutaten für die Marinade in den Zip-Lock-Beutel. Verschließen Sie den Beutel und legen Sie ihn für 30 Minuten in den Kühlschrank.
2. Fädeln Sie die Garnelen auf die Spieße.
3. Heizen Sie den Grill bei mittlerer Hitze vor.
4. Spieße auf den Grill legen und 3 Minuten auf jeder Seite garen.
5. Servieren und genießen.

Nährwert (Menge pro Portion):

- Kalorien 135
- Fett 7,3 g
- Kohlenhydrate 3,8 g
- Zucker 1,4 g
- Eiweiß 13,1 g
- Cholesterin 119 mg

Kapitel 4: Gemüse & Beilagen

Grill Karotten

Zubereitungszeit: 10 Minuten
Kochzeit: 12 Minuten
Servieren: 6

Zutaten:

- 12 Möhren, schälen
- ½ Teelöffel Thymian
- ½ Teelöffel Rosmarin
- 3 Esslöffel Olivenöl
- Pfeffer
- Salz

Wegbeschreibung:

1. Möhren und restliche Zutaten in die Schüssel geben und gut mischen.
2. Heizen Sie den Grill bei mittlerer Hitze vor.
3. Legen Sie die Karotten auf den Grill und garen Sie sie 10-12 Minuten.
4. Servieren und genießen.

Nährwert (Menge pro Portion):

- Kalorien 111
- Fett 7 g
- Kohlenhydrate 12,1 g
- Zucker 6 g
- Eiweiß 1 g
- Cholesterin 0 mg

Grill-Knoblauch-Zucchini

Zubereitungszeit: 10 Minuten
Kochzeit: 10 Minuten
Servieren: 4

Zutaten:

- 2 Zucchini, in ½-Zoll-Scheiben geschnitten
- 1 Esslöffel Tomatensauce
- 2 Teelöffel Sojasauce
- 2 Knoblauchzehen, gehackt
- 2 Esslöffel Olivenöl
- Pfeffer
- Salz

Wegbeschreibung:

1. Zucchini und restliche Zutaten in die Schüssel geben und gut vermischen.
2. Heizen Sie den Grill bei mittlerer Hitze vor.
3. Legen Sie die Zucchinischeiben auf den Grill und garen Sie sie 2-3 Minuten auf jeder Seite.
4. Servieren und genießen.

Nährwert (Menge pro Portion):

- Kalorien 80
- Fett 7,2 g
- Kohlenhydrate 4,2 g
- Zucker 1,9 g
- Eiweiß 1,5 g
- Cholesterin 0 mg

Würzige Grill-Aubergine

Zubereitungszeit: 10 Minuten
Kochzeit: 15 Minuten
Servieren: 6

Zutaten:

- 2 große Auberginen, in ½-Zoll dicke Scheiben geschnitten
- 1 ½ Teelöffel Knoblauch, gehackt
- 1 ½ Teelöffel italienisches Gewürz
- 2 Esslöffel Zitronensaft
- 5 Esslöffel Olivenöl
- Pfeffer
- Salz

Wegbeschreibung:

1. Auberginenscheiben und restliche Zutaten in die Schüssel geben und gut mischen. Abdecken und für 2 Stunden beiseite stellen.
2. Heizen Sie den Grill bei mittlerer Hitze vor.
3. Auberginenscheiben auf den Grill legen und auf jeder Seite 3-4 Minuten garen.
4. Servieren und genießen.

Nährwert (Menge pro Portion):

- Kalorien 152
- Fett 12,4 g
- Kohlenhydrate 11,2 g
- Zucker 5,7 g
- Eiweiß 1,9 g
- Cholesterin 1 mg

Perfekter Rosenkohl

Zubereitungszeit: 10 Minuten
Kochzeit: 15 Minuten
Servieren: 6

Zutaten:

- 1 ½ lbs Rosenkohl, halbiert
- 1 Teelöffel Knoblauch, gehackt
- 1 ½ Teelöffel italienisches Gewürz
- ¼ Teelöffel Pfeffer
- 1 Esslöffel Zitronensaft
- 4 Esslöffel Olivenöl
- Pfeffer
- Salz

Wegbeschreibung:

1. Rosenkohl und restliche Zutaten in die Schüssel geben und gut mischen. Abdecken und für 30 Minuten beiseite stellen.
2. Heizen Sie den Grill bei mittlerer Hitze vor.
3. Fädeln Sie den Rosenkohl auf die Spieße.
4. Spieße auf den Grill legen und 3-4 Minuten auf jeder Seite garen.
5. Servieren und genießen.

Nährwert (Menge pro Portion):

- Kalorien 134
- Fett 10,1 g
- Kohlenhydrate 10,7 g
- Zucker 2,6 g
- Eiweiß 3,9 g
- Cholesterin 1 mg

Balsamico-Gemüse

Zubereitungszeit: 10 Minuten

Kochzeit: 10 Minuten

Servieren: 4

Zutaten:

- 1 kleine Zucchini, in ½-Zoll-dicke Scheiben geschnitten
- 1 Tasse Kirschtomaten
- 8 oz Champignons, halbiert
- 1 Paprika, in Würfel geschnitten
- 1 Zwiebel, in Würfel geschnitten
- 1 Esslöffel Rosmarin, gehackt
- 1 Knoblauchzehe, gehackt
- 2 Teelöffel Balsamico-Essig
- 2 Esslöffel Olivenöl
- Pfeffer
- Salz

Wegbeschreibung:

1. Geben Sie alle Zutaten in die Schüssel, mischen Sie sie gut und stellen Sie sie für 30 Minuten beiseite.
2. Heizen Sie den Grill bei mittlerer Hitze vor.
3. Fädeln Sie die Gemüsestücke auf die Spieße.
4. Legen Sie die Spieße auf den Grill und kochen Sie sie 8-12 Minuten oder bis sie gar sind.
5. Servieren und genießen.

Nährwert (Menge pro Portion):

- Kalorien 110
- Fett 7,5 g
- Kohlenhydrate 10,2 g
- Zucker 5,4 g

- Eiweiß 3,2 g
- Cholesterin 0 mg

Grill-Tomaten

Zubereitungszeit: 10 Minuten
Kochzeit: 4 Minuten
Servieren: 2

Zutaten:

- 2 Tomaten, halbiert
- Pfeffer
- Salz

Wegbeschreibung:

1. Heizen Sie den Grill bei mittlerer Hitze vor.
2. Legen Sie die Tomaten mit der Schnittfläche nach unten auf den Grill und garen Sie sie 4 Minuten lang.
3. Servieren und genießen.

Nährwert (Menge pro Portion):

- Kalorien 22
- Fett 0,3 g
- Kohlenhydrate 4,8 g
- Zucker 3,2 g
- Eiweiß 1,1 g
- Cholesterin 0 mg

Avocado grillen

Zubereitungszeit: 10 Minuten
Kochzeit: 5 Minuten
Servieren: 6

Zutaten:

- 3 Avocados, halbiert & den Kern entfernen
- Pfeffer
- Salz

Wegbeschreibung:

1. Heizen Sie den Grill bei mittlerer Hitze vor.
2. Avocado mit Pfeffer und Salz würzen und mit der Schnittfläche nach unten auf den Grill legen und 5 Minuten garen.
3. Servieren und genießen.

Nährwert (Menge pro Portion):

- Kalorien 205
- Fett 19,6 g
- Kohlenhydrate 8,7 g
- Zucker 0,5 g
- Eiweiß 1,9 g
- Cholesterin 0 mg

Einfache Grill-Süßkartoffeln

Zubereitungszeit: 10 Minuten
Kochzeit: 10 Minuten
Servieren: 4

Zutaten:

- 2 lbs Süßkartoffeln, in ½-Zoll dicke Scheiben geschnitten
- 3 Esslöffel Olivenöl
- Pfeffer
- Salz

Wegbeschreibung:

1. Süßkartoffelscheiben, Öl, Pfeffer und Salz in die Schüssel geben und gut vermischen.
2. Heizen Sie den Grill bei mittlerer Hitze vor.
3. Legen Sie die Süßkartoffelscheiben auf den Grill und garen Sie sie 5 Minuten auf jeder Seite.
4. Servieren und genießen.

Nährwert (Menge pro Portion):

- Kalorien 286
- Fett 8,7 g
- Kohlenhydrate 50,6 g
- Zucker 0,9 g
- Eiweiß 2,8 g
- Cholesterin 0 mg

Champignons & Zucchini grillen

Zubereitungszeit: 10 Minuten
Kochzeit: 15 Minuten
Servieren: 8

Zutaten:

- 2 Pfund Champignons
- 4 kleine Zucchini, in Scheiben geschnitten
- 2 Esslöffel Olivenöl
- Salz

Wegbeschreibung:

1. Champignons, Zucchinischeiben, Öl und Salz in die Schüssel geben und gut mischen.
2. Heizen Sie den Grill bei mittlerer Hitze vor.
3. Legen Sie das Gemüse auf den Grill und garen Sie es für 5-6 Minuten auf jeder Seite.
4. Servieren und genießen.

Nährwert (Menge pro Portion):

- Kalorien 64
- Fett 3,9 g
- Kohlenhydrate 5,7 g
- Zucker 3 g
- Eiweiß 4,3 g
- Cholesterin 0 mg

Zarter Spargel

Zubereitungszeit: 10 Minuten
Kochzeit: 10 Minuten
Servieren: 4

Zutaten:

- 1 lb Spargelstangen
- 1 Esslöffel Olivenöl
- Pfeffer
- Salz

Wegbeschreibung:

1. Spargelstangen mit Öl bepinseln und mit Pfeffer und Salz würzen.
2. Heizen Sie den Grill bei mittlerer Hitze vor.
3. Spargelstangen auf den Grill legen und 6-10 Minuten garen.
4. Servieren und genießen.

Nährwert (Menge pro Portion):

- Kalorien 53
- Fett 3,6 g
- Kohlenhydrate 4,4 g
- Zucker 2,1 g
- Eiweiß 2,5 g
- Cholesterin 0 mg

Kapitel 5: Snacks

Tofu-Steaks

Zubereitungszeit: 10 Minuten
Kochzeit: 14 Minuten
Servieren: 4

Zutaten:

- 14 oz extra-fester Tofu, gepresst & in Scheiben geschnitten
- 1 Esslöffel Olivenöl
- ¾ Tasse BBQ-Sauce

Wegbeschreibung:

1. Geben Sie Tofuscheiben, Öl und BBQ-Sauce in die Schüssel und mischen Sie sie gut.
2. Heizen Sie den Grill bei mittlerer Hitze vor.
3. Tofuscheiben auf den Grill legen und 7 Minuten auf jeder Seite garen.
4. Servieren und genießen.

Nährwert (Menge pro Portion):

- Kalorien 191
- Fett 9,4 g
- Kohlenhydrate 19 g
- Zucker 12,7 g
- Eiweiß 9,8 g
- Cholesterin 0 mg

Pikante Tofu-Spieße

Zubereitungszeit: 10 Minuten

Kochzeit: 10 Minuten

Servieren: 8

Zutaten:

- 1 Packung extra-fester Tofu, gepresst & in Würfel geschnitten
- 1 Esslöffel Olivenöl
- 1 Teelöffel Reisessig
- 2 Teelöffel Sriracha
- ½ Teelöffel Knoblauchpulver
- ½ Esslöffel Ahornsirup
- 2 Esslöffel Sojasauce

Wegbeschreibung:

1. Geben Sie Tofu und die restlichen Zutaten in die Schüssel und mischen Sie sie gut.
2. Heizen Sie den Grill bei mittlerer Hitze vor.
3. Fädeln Sie die Tofustücke auf die Spieße.
4. Spieße auf den Grill legen und 5 Minuten auf jeder Seite garen.
5. Servieren und genießen.

Nährwert (Menge pro Portion):

- Kalorien 33
- Fett 2,4 g
- Kohlenhydrate 1,8 g
- Zucker 0,9 g
- Eiweiß 1,4 g
- Cholesterin 0 mg

Pilzspieße

Zubereitungszeit: 10 Minuten
Kochzeit: 16 Minuten
Servieren: 4

Zutaten:

- 1 ½ lbs Champignons
- 2 Teelöffel Thymian, gehackt
- 1 ½ Esslöffel Sojasauce
- 1 Esslöffel Knoblauch, gehackt
- ¼ Tasse Butter, geschmolzen
- Salz

Wegbeschreibung:

1. Pilze und restliche Zutaten in die Schüssel geben und gut mischen.
2. Heizen Sie den Grill bei mittlerer Hitze vor.
3. Fädeln Sie die Champignons auf die Spieße.
4. Legen Sie die Spieße auf den Grill und garen Sie sie 8 Minuten auf jeder Seite.
5. Servieren und genießen.

Nährwert (Menge pro Portion):

- Kalorien 146
- Fett 12,1 g
- Kohlenhydrate 7,1 g
- Zucker 3,1 g
- Eiweiß 6 g
- Cholesterin 31 mg

Hawaiianische Hähnchenspieße

Zubereitungszeit: 10 Minuten

Kochzeit: 10 Minuten

Servieren: 4

Zutaten:

- 1 ½ Pfund Hähnchenbrust, ohne Knochen & in Stücke geschnitten
- 1 Ananas, in Würfel geschnitten
- 2 Paprikaschoten, in Würfel geschnitten
- 1 Tasse BBQ-Sauce
- 1 Teelöffel Knoblauch, gehackt
- 1 Teelöffel Ingwer, gehackt
- 1 Esslöffel Olivenöl
- 1 Esslöffel Sojasauce
- ¼ Tasse Ananassaft
- Pfeffer
- Salz

Wegbeschreibung:

1. Alle Zutaten in die Schüssel geben und gut vermischen. Decken Sie die Schüssel ab und stellen Sie sie für 4 Stunden beiseite.
2. Heizen Sie den Grill bei mittlerer Hitze vor.
3. Fädeln Sie Hähnchen-, Ananas- und Paprikastücke auf die Spieße.
4. Spieße auf den Grill legen und 5 Minuten auf jeder Seite garen.
5. Servieren und genießen.

Nährwert (Menge pro Portion):

- Kalorien 500
- Fett 16,5 g
- Kohlenhydrate 35,5 g
- Zucker 25 g
- Eiweiß 50,4 g

- Cholesterin 151 mg

Chili-Limetten-Garnelen-Spieße

Zubereitungszeit: 10 Minuten

Kochzeit: 6 Minuten

Servieren: 4

Zutaten:

- 12 Garnelen
- 1 Tasse Ananasstücke
- ¼ Tasse Honig
- 1 Teelöffel Chilisauce
- 2 Esslöffel Olivenöl
- Pfeffer
- Salz

Wegbeschreibung:

1. Garnelen und restliche Zutaten in die Schüssel geben und gut mischen. Abdecken und für 30 Minuten beiseite stellen.
2. Heizen Sie den Grill bei mittlerer Hitze vor.
3. Fädeln Sie Garnelen und Ananasstücke auf die Spieße.
4. Spieße auf den Grill legen und 3 Minuten auf jeder Seite garen.
5. Servieren und genießen.

Nährwert (Menge pro Portion):

- Kalorien 224
- Fett 8,2 g
- Kohlenhydrate 23,9 g
- Zucker 21,5 g
- Eiweiß 15,3 g
- Cholesterin 139 mg

Einfache Hähnchenspieße

Zubereitungszeit: 10 Minuten
Kochzeit: 16 Minuten
Servieren: 4

Zutaten:

- 1 Pfund Hähnchenbrust, ohne Knochen und in Stücke geschnitten
- 1 Zitrone Saft
- 3 Esslöffel griechisches Gewürz
- 1 Esslöffel Knoblauch, gehackt
- 1 Esslöffel Essig
- 2 Esslöffel Olivenöl
- Pfeffer
- Salz

Wegbeschreibung:

1. Hähnchen und restliche Zutaten in die Schüssel geben, gut vermischen und 4 Stunden marinieren lassen.
2. Heizen Sie den Grill bei mittlerer Hitze vor.
3. Fädeln Sie die Hähnchenteile auf die Spieße.
4. Legen Sie die Spieße auf den Grill und garen Sie sie 8 Minuten auf jeder Seite.
5. Servieren und genießen.

Nährwert (Menge pro Portion):

- Kalorien 298
- Fett 15,7 g
- Kohlenhydrate 4,4 g
- Zucker 0,3 g
- Eiweiß 33,5 g
- Cholesterin 101 mg

Grill Schweinefleisch Patties

Zubereitungszeit: 10 Minuten

Kochzeit: 10 Minuten

Servieren: 4

Zutaten:

- 1 Pfund Schweinehackfleisch
- 1 Esslöffel Olivenöl
- ¼ Teelöffel getrockneter Thymian
- ½ Teelöffel gemahlener Koriander
- ½ Teelöffel geräucherter Paprika
- ½ Teelöffel Pfeffer
- ½ Teelöffel Fenchelsamen
- ½ Teelöffel Chiliflocken
- Pfeffer
- Salz

Wegbeschreibung:

1. Geben Sie alle Zutaten in die Schüssel und mischen Sie sie, bis sie gut miteinander verbunden sind.
2. Heizen Sie den Grill bei mittlerer Hitze vor.
3. Aus der Mischung Patties formen und auf den Grill legen und 5 Minuten auf jeder Seite garen.
4. Servieren und genießen.

Nährwert (Menge pro Portion):

- Kalorien 195
- Fett 7,6 g
- Kohlenhydrate 0,5 g
- Zucker 0 g
- Eiweiß 29,8 g
- Cholesterin 83 mg

Ananas-Garnelen-Spieße

Zubereitungszeit: 10 Minuten
Kochzeit: 6 Minuten
Servieren: 4

Zutaten:

- 18 Krabben
- 1 Teelöffel getrockneter Oregano
- 2 Esslöffel Butter, geschmolzen
- 1 ½ Tassen Ananasstücke
- ¾ Teelöffel Meersalz

Wegbeschreibung:

1. Krabben, Oregano, Butter, Ananas und Salz in die Schüssel geben und gut vermischen.
2. Heizen Sie den Grill bei mittlerer Hitze vor.
3. Fädeln Sie Ananasstücke und Garnelen auf die Spieße.
4. Spieße auf den Grill legen und 3 Minuten auf jeder Seite garen.
5. Servieren und genießen.

Nährwert (Menge pro Portion):

- Kalorien 200
- Fett 7,6 g
- Kohlenhydrate 9,9 g
- Zucker 6,1 g
- Eiweiß 23 g
- Cholesterin 224 mg

Ananas-Hähnchen-Spieße

Zubereitungszeit: 10 Minuten
Kochzeit: 12 Minuten
Servieren: 6

Zutaten:

- 2 Pfund Hähnchenbrüste, ohne Knochen und in Stücke geschnitten
- 1 Tasse Ananassaft
- 1 Ananas, in Würfel geschnitten
- 1 Teelöffel Ingwer, gerieben
- 1 Teelöffel Knoblauch, gehackt
- 2 Esslöffel Dijon-Senf
- 1/3 Tasse Sojasauce
- ½ Tasse brauner Zucker

Wegbeschreibung:

1. Hähnchen, Ananassaft, Ananasstücke, Ingwer, Knoblauch, Senf, Sojasauce und braunen Zucker in die Schüssel geben und gut vermischen. Abdecken und für 6 Stunden in den Kühlschrank stellen.
2. Heizen Sie den Grill bei mittlerer Hitze vor.
3. Fädeln Sie Ananas und Hähnchen auf die Spieße.
4. Legen Sie die Spieße auf den Grill und garen Sie sie 6 Minuten auf jeder Seite.
5. Servieren und genießen.

Nährwert (Menge pro Portion):

- Kalorien 382
- Fett 11,5 g
- Kohlenhydrate 22,6 g
- Zucker 18,9 g
- Eiweiß 45,2 g
- Cholesterin 135 mg

Mexikanische Grill-Garnele

Zubereitungszeit: 10 Minuten
Kochzeit: 6 Minuten
Servieren: 4

Zutaten:

- 1 Pfund Garnelen, geschält und entdarmt
- 1 Teelöffel Kreuzkümmel
- 1 Teelöffel Zwiebelpulver
- 1 Teelöffel Knoblauchpulver
- 1 Teelöffel Chilipulver
- 1 Teelöffel geräucherter Paprika
- 1 Esslöffel brauner Zucker
- 1 Teelöffel Jalapeno, gehackt
- 1 Teelöffel Knoblauch, gehackt
- 1/3 Tasse Olivenöl
- 1 Teelöffel koscheres Salz

Wegbeschreibung:

1. Garnelen und restliche Zutaten in die Schüssel geben, gut vermischen und 4 Stunden marinieren lassen.
2. Heizen Sie den Grill bei mittlerer Hitze vor.
3. Fädeln Sie die Garnelen auf die Spieße.
4. Spieße auf den Grill legen und 3 Minuten auf jeder Seite garen.
5. Servieren und genießen.

Nährwert (Menge pro Portion):

- Kalorien 298
- Fett 19 g
- Kohlenhydrate 6,1 g
- Zucker 2,7 g
- Eiweiß 26,3 g
- Cholesterin 239 mg

Kapitel 6: Nachspeisen

Leckere Grill-Ananas

Zubereitungszeit: 10 Minuten
Kochzeit: 8 Minuten
Servieren: 8

Zutaten:

- 1 Ananas, in Ringe geschnitten
- 2 Esslöffel brauner Zucker
- 1 Esslöffel Honig
- ¼ Tasse Butter, geschmolzen

Wegbeschreibung:

1. Geben Sie Ananasringe, braunen Zucker, Honig und Butter in den Zip-Lock-Beutel, verschließen Sie den Beutel und stellen Sie ihn für 30 Minuten in den Kühlschrank.
2. Heizen Sie den Grill bei mittlerer Hitze vor.
3. Legen Sie die Ananasringe auf den Grill und garen Sie sie 6-8 Minuten auf jeder Seite.
4. Servieren und genießen.

Nährwert (Menge pro Portion):

- Kalorien 78
- Fett 5,8 g
- Kohlenhydrate 7,1 g
- Zucker 6,4 g
- Eiweiß 0,2 g
- Cholesterin 15 mg

Grill-Birnen

Zubereitungszeit: 10 Minuten
Kochzeit: 10 Minuten
Servieren: 4

Zutaten:

- 4 Birnen, halbiert, Kerne aushöhlen
- 2 Esslöffel brauner Zucker
- 1 Esslöffel Butter, geschmolzen

Wegbeschreibung:

1. Birnen mit geschmolzener Butter bestreichen.
2. Heizen Sie den Grill bei mittlerer Hitze vor.
3. Legen Sie die Birnen mit der Schnittseite nach unten auf den Grill und garen Sie sie 10 Minuten oder bis sie weich sind.
4. Mit braunem Zucker bestreuen und servieren.

Nährwert (Menge pro Portion):

- Kalorien 163
- Fett 3,2 g
- Kohlenhydrate 36,2 g
- Zucker 24,8 g
- Eiweiß 0,8 g
- Cholesterin 8 mg

Gegrillte Pfirsiche

Zubereitungszeit: 10 Minuten
Kochzeit: 20 Minuten
Servieren: 4

Zutaten:

- 4 Pfirsiche, halbiert
- ¼ Tasse Pekannüsse, geröstet
- 1 Esslöffel Butter, geschmolzen
- 3 Esslöffel Honig
- ¼ Tasse brauner Zucker

Wegbeschreibung:

1. Mischen Sie in einer kleinen Schüssel Honig und braunen Zucker. Beiseite stellen.
2. Heizen Sie den Grill bei mittlerer Hitze vor.
3. Pfirsiche mit Butter bestreichen und mit der Schnittseite auf den Grill legen und 5 Minuten garen.
4. Pfirsiche wenden und mit der Honig-Zucker-Mischung bestreichen und weitere 10-15 Minuten grillen.
5. Mit Pekannüssen bestreuen und servieren.

Nährwert (Menge pro Portion):

- Kalorien 58
- Fett 1,3 g
- Kohlenhydrate 12 g
- Zucker 11,9 g
- Eiweiß 0,5 g
- Cholesterin 3 mg

Apfelspalten grillen

Zubereitungszeit: 10 Minuten
Kochzeit: 12 Minuten
Servieren: 4

Zutaten:

- 3 Äpfel, entkernt & in ½-Zoll-Scheiben geschnitten
- 1 Esslöffel Butter, geschmolzen
- 1/3 Tasse brauner Zucker
- 2 Esslöffel Honig
- ½ Teelöffel Zimt
- 2 Esslöffel Olivenöl
- 2 Esslöffel frischer Zitronensaft

Wegbeschreibung:

1. Mischen Sie in einer kleinen Schüssel Butter, braunen Zucker, Honig, Zimt, Öl und Zitronensaft.
2. Apfelspalten mit der Buttermischung bestreichen.
3. Heizen Sie den Grill bei mittlerer Hitze vor.
4. Legen Sie die Apfelspalten auf den Grill und garen Sie sie 4-6 Minuten auf jeder Seite.
5. Servieren und genießen.

Nährwert (Menge pro Portion):

- Kalorien 253
- Fett 1,2 g
- Kohlenhydrate 44 g
- Zucker 37,9 g
- Eiweiß 0,6 g
- Cholesterin 8 mg

Obstspieße

Zubereitungszeit: 10 Minuten

Kochzeit: 10 Minuten

Servieren: 4

Zutaten:

- 2 Tassen Ananasstückchen
- 2 Tassen Pfirsiche, in Stücke geschnitten
- ¼ Teelöffel Zimt
- ¼ Tasse Honig

Wegbeschreibung:

1. Ananas, Pfirsiche, Zimt und Honig in die Schüssel geben und gut vermischen.
2. Heizen Sie den Grill bei mittlerer Hitze vor.
3. Fädeln Sie Ananasstücke und Pfirsichstücke auf die Spieße.
4. Legen Sie die Obstspieße auf den Grill und garen Sie sie 5 Minuten auf jeder Seite.
5. Servieren und genießen.

Nährwert (Menge pro Portion):

- Kalorien 135
- Fett 0,3 g
- Kohlenhydrate 35,4 g
- Zucker 32,5 g
- Eiweiß 1,2 g
- Cholesterin 0 mg

Fazit

Sie werden überrascht sein, wie schnell sich Ihr Selbstvertrauen und Ihre Grillfähigkeiten verbessern, wenn Sie anfangen, Ihren Kochkünsten mehr Aufmerksamkeit zu schenken. Um Ihre Wettbewerbsfähigkeit zu verbessern, müssen Sie nicht nur wissen, was Sie tun, sondern auch wie und warum Sie es tun. Das ist der Zeitpunkt, an dem Sie sich Webers Grill-Kochbuch nähern. Mit immer mehr Rezepten und Techniken in Ihrem Repertoire wird der Zeitpunkt kommen, an dem Sie mit Freunden an einem Tisch sitzen, das Gekochte in vollen Zügen genießen und plötzlich zu sich sagen: "Wow, das Essen, das ich gemacht habe, ist toll geworden." Für mich ist das ein wunderbares Grillen. Lassen Sie uns dorthin gehen. Ich werde Ihnen den Weg zeigen.

Danke, dass Sie sich für mein Kochbuch entschieden haben, ich hoffe, Sie lieben die köstlichen Rezepte in diesem Buch.